PREFACE

L'origine de la fondation du GROUPE FRATERNEL RÉPUBLICAIN DES ANCIENS DÉFENSEURS DE LA PATRIE remonte à la date du 14 juillet 1880, époque à laquelle, sur l'initiative du Comité des Combattants de Champigny, les premiers éléments constitutifs se sont réunis pour saluer les nouveaux étendards délivrés à notre jeune armée par le gouvernement de la République.

Le Président, ainsi que la plupart des Membres de la Commission nommée par les anciens militaires, à l'occasion de cette grande Fête Nationale, sont au nombre des fondateurs de ce Groupe véritablement fraternel et sincèrement républicain; et les nombreuses adhésions reçues depuis sa création, sont de nature à lui assurer un accueil empressé de la part de tous les patriotes, qui ont conservé le souvenir des luttes héroïques qui furent livrées pour la défense de notre glorieux étendard national.

Les Membres fondateurs :

E. GEORGE, BRIÈRE, CHENÉ, CRAVOISIER, DELAPOTTERIE, DESNIER, GRÉBOVAL, MATHIEU, ZIGLER.

PRÉSIDENT HONORAIRE :

M. Anatole DE LA FORGE, Député de la Seine

(Vice-Président de la Chambre des Députés)

MEMBRES HONORAIRES :

MM. **Edouard Lockroy,** Ministre du Commerce et de l'Industrie, **Granet,** Ministre des Postes et Télégraphes, **Ch. Floquet,** Président de la Chambre des Députés, **Ernest Lefèvre,** Vice-Président de la Chambre des Députés.

MM.

Georges Martin, *Sénateur.*
Schœlcher, —
Songeon, —
Barbe, *Député.*
Barodet, —
Barré, —
Beauquier, —
Bourneville, —
Boysset, —
Brelay, —
Brialou, —
Cantagrel, —
Clémenceau, —
Delattre, —
Camille Dreyfus —
Eugène Farcy, —
Gagneur, —
Yves Guyot, —
De Hérédia, —
Hérisson, —
Hubbard, —
Clovis Hugues, —
Comdt Labordère, —
Dr Lacôte, —
Lafont, —
Georges Laguerre, —
Laisant, —
Leconte (Indre), —
Maillard, —

MM.

Henry Maret, *Député.*
Ménard-Dorian, —
Michelin, —
Millerand, —
Périllier, —
Georges Périn, —
Marius Poulet, —
Benjamin Raspail, —
Tony-Révillon, —
Jules Roche, —
Roques de Fillol, —
Spuller, —
Villeneuve, —
Général Thibaudin.
Mesureur, *Président du Conseil municipal de Paris.*
Cattiaux, *Conseiller municipal de Paris.*
Chautemps, —
Darlot, —
Dr Deschamps, —
Guichard, —
Jobbé-Duval, —
Lefebvre-Roncier, —
De Ménorval, —
Edgar Monteil, —
Reygeal-Reynal, —
Emile Richard, —
Rouzé, —

MM. Fouquet, Maire de Neuilly-sur-Marne.
Gallot, Maire de Clichy.
Trébois, Maire de Levallois-Perret.
Testu-Jodeau, Maire de Châteaurenault,
Capitaine Maujan.
A. Lefèvre, Conseiller général.
Ripaux, Conseiller d'arrondissement.
Tard, — —
Chéreau, Conseiller municipal à Montreuil-sous-Bois.
Chotard, — à Vincennes.
Dubreuil, — —
Courtin, — à Levallois-Perret,
Coquelin (Cadet), de la Comédie-Française.

COMITÉ DE DIRECTION

Président : MM. GEORGE (Ernest), ex-président du Comité des Combattants de Champigny; fondateur du Comité de souscription pour le Monument au sergent Bobillot (Citations pour actes de sauvetages et de dévouement).

Vice-Président : V. CHENÉ, ex-sous-officier aux corps francs, décoré de la Médaille Militaire (Médaille du Mexique).

Porte-Drapeau : MATHIEU, du 12e de ligne, décoré de la Médaille Militaire et de la Valeur Mre de Sardaigne, Médaille de Crimée et d'Italie (37 campagnes, 2 citations.)

Trésorier : SALTEL, du 16e bataillon de Mobiles de la Seine (combattant du Bourget).

Trésorier-Adjoint : GOISSAUD, sous-lieutenant à la 3e Compagnie de guerre (Siège de Paris).

Secrétaire : HENRY, ex-sous-officier de Cavalerie et Génie auxiliaire (Siège de Paris).

Secrétaire-Adjoint : VINCENT, ex-sous-officier au 67e de Ligne (Afrique).

MEMBRES DU COMITÉ

MM.

CRAVOISIER, ex-capitaine adjudant-major au 200e Bataillon de la Garde nationale (cité à Montretout).

ZIGLER, du 83e de Ligne (armée de Metz).

GAY, ex-sous-officier aux 68e et 73e de Ligne, blessé à Solférino, prisonnier à Sedan, décoré de la Médaille Militaire et de la Valeur Militaire de Sardaigne (Médailles de Crimée et d'Itatie).

FRESNE, Chasseur à Pied de l'ex-Garde (blessé), campagnes d'Italie, Chine, Cochinchine, Afrique.

BÉCHEVOT, Conseiller municipal de Vincennes (Inspecteur d'habillement et d'équipement à la Défense Nationale).

PICARD, ex-sous-officier aux 1er et 9e d'Artillerie (campagnes : Mexique et Allemagne).

RENAUDIN, ex-caporal au 16e Bataillon de Mobiles de la Seine (siège de Paris).

FOURNIER, du 159e Bataillon de la Garde nationale de marche (blessé à Champigny).

MASGANA, ex-capitaine au 50e de Ligne, Chevalier de la Légion d'honneur, (deux blessures).

POTEL, ex-sergent-major au 39e Bataillon de la Garde nationale de marche, (siège de Paris).

GRÉGOIRE, chef de bataillon en retraite, du 58e de Ligne, Officier de la Légion d'honneur ; (campagnes de Crimée, Italie, Afrique et Allemagne), deux blessures.

GUILLEAUME, ex-sous-officier au 84e Bataillon de la Garde nationale de marche, (siège de Paris).

VIDECOQ, ex-sous-officier au 2e Bataillon d'Infanterie Légère (campagnes : Tunisie et Tonkin).

DÉLÉGUÉS

du Groupe Fraternel Républicain :

MM.

ZIGLER, à Boulogne sur-Seine.
CHARBONNIER, à Billancourt.
GUILLEAUME, à Levallois-Perret.
MARQUEZ, à Clichy.
COLLEVILLE, à Neuilly-sur-Seine.
GRÉBOVAL, à Gennevilliers.
BETHMONT, à Dugny (Seine).
LAFAIS, à Villejuif.
HENRY, à Vincennes.

MM.

MOYEN, à Montreuil-sous-Bois.
LEMOINE, aux Prés Saint-Gervais.
ARNAUD, à Nogent-sur-Marne.
THOUVENOT, à Sarcelles (Seine et-Oise).
CHARTIER, à Moret (Seine-et-Marne).
FOUCAUX, à Menesqueville (Eure).
VACHON, à Fleury-sur-Andelle (Eure).
VASSÉ, à Nancy (Meurthe-et-Moselle).
THOUVENIN, à Senones (Vosges).

NOTA. — Les réunions mensuelles PRIVÉES du **GROUPE FRATERNEL RÉPUBLICAIN** ont lieu le premier Mercredi de chaque mois, à 8 heures et demie du soir, 11, Place de la République.

CHAPITRE PREMIER

Formation et but du Groupe Fraternel.

Article Premier. — Il est fondé, à Paris, une Société patriotique et républicaine sous la dénomination de Groupe Fraternel Républicain des Anciens Défenseurs de la Patrie.

Art. 2. — Cette société a pour but :

1° D'entretenir, parmi les anciens militaires ayant concouru à la défense du drapeau de la France, des rapports d'amitié et de véritable fraternité républicaine.

2° De faciliter la procuration d'emplois ou travaux aux membres du Groupe qui en seraient dépourvus.

3° D'assister par conseils, appuis ou secours exceptionnels ceux d'entre eux qu'un malheur ou accident imprévu rendrait dignes d'intérêt et de sollicitude.

4° De fonder une caisse de retraite en faveur des anciens défenseurs de la Patrie, membres participants du Groupe Fraternel Républicain.

5° D'assurer la présence d'une députation du Groupe Fraternel aux obsèques de chacun des membres de la Société.

6° De perpétuer le souvenir de leurs vaillants compagnons d'armes qui ont succombé pour la défense de la Patrie, en célébrant les anniversaires rappelant leur mémoire, et en s'associant à toutes démonstrations patriotiques et républicaines.

7° Enfin de s'intéresser aux questions susceptibles d'assurer la grandeur et la force de notre armée, ainsi que la sauvegarde de notre territoire et des institutions républicaines, par l'organisation de conférences militaires, scientifiques ou autres.

CHAPITRE II

Composition du Groupe Fraternel.

Art. 3. — Le Groupe Fraternel est composé :

1° De membres honoraires :

2° De membres fondateurs ;

3° De membres participants.

Art. 4. — Les membres honoraires sont ceux sous le patronage desquels est placé le Groupe Fraternel ou qui contribuent à sa prospérité par dons et appuis ; ils sont nommés par le Comité de direction sur la proposition des membres participants.

Art. 5. — Les membres fondateurs sont ceux qui ont apporté un concours actif à la création du Groupe Fraternel et ont été nommés en cette qualité lors de la première assemblée générale, ainsi que les membres participants qui effectueront des dons volontaires importants.

Art. 6. — Les membres participants sont ceux qui, après avoir produit la justification de leurs services militaires et souscrit l'engagement de se conformer aux présents Statuts, auront été admis par le Comité de direction.

CHAPITRE III

Conditions d'Admission.

Art. 7. — Les anciens militaires des armées de terre et de mer, sans distinction de corps ni de grades, ayant concouru à un titre quelconque à la défense du drapeau national, pourront être admis à faire partie du Groupe Fraternel.

Art. 8. — Les demandes d'admission devront être adressées au président et comporteront la justification des services militaires, ainsi que l'engagement de se conformer aux présents Statuts.

Art. 9. — Les admissions sont prononcées par le Comité de direction, à la majorité absolue de ses membres.

CHAPITRE IV

Démissions et Radiations.

Art. 10. — Tout membre qui n'aura pas payé sa cotisation depuis trois mois, sans motif justifié et après une mise en demeure régulièrement adressée, sera considéré comme démissionnaire.

Art. 11. — L'exclusion pourra en outre être prononcée par le Comité de direction,

Savoir :

1° Pour condamnation afflictive ou infamante ;

2° Pour conduite scandaleuse, mauvaises mœurs, ivresse et actes d'indélicatesse dûment établis ;

3° Pour préjudice ou manœuvre volontairement exercée à l'égard du Groupe Fraternel, sous quelque forme que ce soit ;

4° Pour fausse déclaration sur l'identité, substitution de cartes ou lettres, avoir facilité l'introduction d'une personne étrangère ou d'un membre exclu ;

5° Pour fausse accusation ou dénonciation contre un membre quelconque de la Société ;

6° Pour atteinte portée à la considération et à la dignité de la Société ou du Comité, par des actes ou propos dûment établis ;

7° Pour récidive, après deux blâmes successifs sanctionnés par l'assemblée générale ;

*

8° Pour participation à toute manifestation ou société d'un caractère hostile aux institutions républicaines.

Art. 12. — Tout membre susceptible d'une mesure d'exclusion sera invité à se présenter devant le Comité de direction pour être entendu sur les faits qui lui sont imputés, et dans le cas où il ne répondrait pas à cette convocation, il sera passé outre.

Art. 13. — Les radiations par suite d'exclusion ne seront définitives qu'après avoir été sanctionnées par la plus prochaine assemblée générale.

Art. 14. — La démission comme l'exclusion ne donnent droit à aucun remboursement des sommes versées, qui restent acquises au Groupe Fraternel.

Art. 15. — Les membres démissionnaires qui solliciteraient leur réintégration, et seront admis par le Comité, devront payer un nouveau droit d'inscription et prendront date à leur nouvelle immatriculation.

CHAPITRE V

Obligations des Membres du Groupe Fraternel.

Art. 16. — Tous les membres sont tenus de communiquer la nature des emplois qui seraient à leur connaissance, avec l'indication des conditions à remplir.

Art. 17. — Ils s'engagent en outre à verser :

1° Un droit d'admission fixé à 2 francs, payable lors de l'inscription contre la délivrance d'une carte d'adhérent ;

2° Une cotisation mensuelle de 1 fr. 50. dont cinquante centimes affectés exclusivement à la Caisse spéciale de retraites, payable dans la première quinzaine de chaque mois, au lieu de réunion du Groupe Fraternel ou auprès du délégué spécial désigné à cet effet.

Art. 18. — La cotisation est due pour le mois dans le cours duquel a lieu l'inscription.

Art. 19. — Par exception, et pour faciliter ceux qui en feront la demande, le paiement du premier versement, représentant une somme de 3 fr. 50, pourra être effectué en deux fois.

Art. 20. — Le défaut de paiement dans le délai fixé entraîne une amende de 50 centimes par mois de retard.

Art. 21. — En outre, tout membre qui n'aura pas fait connaître son changement de domicile, ne se sera pas acquitté régulièrement d'une mission pour laquelle il aura été désigné, aura manqué au service commandé pour les funérailles d'un camarade ou se sera abstenu, sans motif légitime, d'assister aux assemblées générales, sera passible d'une amende de Un franc.

Art. 22. — Le paiement des amendes est exigible lors du versement des cotisations, après que le maintien en aura été prononcé par le Comité de direction, à l'égard des membres n'ayant pas pro-produit les justifications suffisantes.

Art. 23. — Les correspondances, demandes et communications de toute nature, devront être adressées au domicile du président, qui sera tenu d'en donner connaissance au Comité.

CHAPITRE VI

Obligations du Groupe Fraternel envers ses membres.

EMPLOIS

Art. 24. — Les demandes et offres d'emplois seront consignées sur un registre spécial.

Art. 25. — Il ne pourra être recommandé pour les occuper que des membres faisant partie du Groupe Fraternel, et ayant rempli toutes les conditions prescrites par les statuts.

Art. 26. — Les membres proposés pour ces emplois devront produire les références nécessaires, et faire connaître sans aucun retard s'ils ont été ou non acceptés.

SECOURS EXCEPTIONNELS

Art. 27. — Le Comité de direction sera juge des circonstances dans lesquelles il y aura lieu d'allouer des secours exceptionnels à ceux des membres du Groupe dont la situation deviendrait digne d'intérêt, par suite d'un malheur ou accident imprévu.

Art. 28. — Les malades à l'hôpital ou à domicile recevront, après que le Comité en aura été informé, la visite de délégués spéciaux, qui s'assureront si les soins nécessaires leur sont prodigués, et adresseront au président un rapport détaillé sur le résultat de leur mission.

Art. 29. — Les allocations de ces secours seront subordonnées aux ressources du Groupe Fraternel et feront l'objet d'un rapport spécial qui sera soumis à l'approbation de l'assemblée générale.

DÉCÈS

Art. 30. — Lors du décès d'un membre quelconque du Groupe Fraternel, la famille en informera sans retard le président, qui fera convoquer par cartes spéciales revêtues du cachet du Groupe Fraternel, une députation de vingt-cinq membres, pour assister aux obsèques.

Art. 31. — Les membres de cette délégation porteurs de leurs insignes, seront placés sous la conduite d'un membre du Comité de direction, désigné par le président, auquel il devra adresser un rapport mentionnant le contrôle des présents et des absents.

Art. 32. — La liberté de conscience sera scrupuleusement observée, et aucun membre ne sera astreint d'assister au service religieux, s'il ne le juge pas compatible avec ses convictions personnelles ; mais il devra assister à la levée du corps, et à la conduite au cimetière.

Art. 33. — Tout membre qui se sera abstenu sans excuse et motif dûment établis, de se joindre à la délégation désignée pour les funérailles, sera passible d'un blâme et d'une amende de Un franc (Art. 21).

CHAPITRE VII

Anniversaires et Démonstrations patriotiques.

Art. 34. — Tous les membres participants porteurs de leurs insignes, décorations et médailles, seront convoqués à l'occasion des anniversaires ou démonstrations patriotiques, et une députation officielle de 50 membres sera désignée par tour d'inscription pour y escorter le Drapeau du Groupe Fraternel.

Art. 35. — Tous les membres sont tenus de se conformer aux dispositions prises par le Comité de direction, et devront contribuer à assurer le bon ordre et la discipline, dans toutes les circonstances où le Groupe Fraternel sera représenté.

Art. 36. — Une mesure d'exclusion, au besoin immédiate, pourra être prise à l'égard de tout membre qui se présenterait en état d'ébriété, susciterait des discussions, ou dont l'attitude serait une cause de trouble et de discorde.

Art. 37. — Tout membre désigné pour faire partie de la députation officielle, qui ne se rendrait pas à la convocation, sans motif justifié, ou ne serait pas porteur de ses insignes, décorations et médailles, sera passible d'une amende de Un franc.

CHAPITRE VIII

Caisse de Retraites.

Art. 38. — Les droits à la pension de retraites sont acquis par rang d'ancienneté, après 60 ans d'âge, aux membres participants ayant rempli leurs obligations de sociétaires pendant 10 années au moins.

Art. 39. — La caisse de retraites est constituée des fonds provenant de subventions et dons divers, ainsi que du versement obligatoire de 50 centimes par mois par tous les membres participants, et de ceux effectués par décisions spéciales de l'assemblée générale sur les excédants de recettes disponibles.

Art. 40. — Ces fonds seront centralisés dans une caisse de l'État et formeront un capital auquel il ne pourra être porté atteinte dans aucun cas.

Art. 41. — Les intérêts de ce capital pourront seuls être répartis chaque année, entre les membres participants réunissant les conditions prescrites par l'art. 38, dont la désignation et l'admission seront prononcés par l'assemblée générale de juillet, sur la proposition du Comité de direction, pour compter à partir du 14 du même mois.

ART. 42. — Cette pension sera payée à fin de trimestre aux ayant-droit par les soins du Trésorier, sur avis conforme du Comité et visa du Président.

ART. 43. — En cas de décès d'un pensionné, la famille n'aura droit qu'au paiement du trimestre courant, qui sera mis à sa disposition aussitôt que le décès aura été officiellement constaté, et sur une demande écrite adressée au Président.

ART. 44. — Tout pensionné cessant de faire partie de la Société par suite de démission, condamnation, exclusion ou autre cause, perd tous ses droits à cette pension et aux avantages de la Société, du jour de sa radiation.

CHAPITRE IX

Drapeau et Insignes.

ART. 45. — Un insigne distinctif sera délivré à chaque membre ayant acquitté le droit d'inscription et effectué le versement d'un trimestre de cotisations.

ART. 46. — Une médaille d'argent portative avec ruban spécial, ainsi qu'un diplôme, seront délivrés contre paiement d'une somme de 10 francs, aux membres participants ayant rempli leurs obligations de sociétaires pendant une année au moins, ainsi qu'aux membres honoraires qui auront effectué un don volontaire égal ou supérieur à 50 francs.

Art. 47. — Le drapeau sera déposé chez le président et confié à sa sauvegarde, sauf le cas d'incendie ou sinistre imprévu.

Art. 48. — Le drapeau ne pourra être associé à aucune démonstration organisée sous des auspices cléricales ou anti-républicaines, et ne devra pénétrer dans aucun temple religieux.

Art. 49. — A chaque sortie du drapeau, le porte-drapeau du Groupe Fraternel et une garde d'honneur désignée par le Comité parmi les anciens militaires décorés ou médaillés, seront chargés de se conformer aux dispositions prises et d'en assurer l'exécution, de concert avec les commissaires spéciaux.

Art. 50. — Tout membre qui ne conserverait pas dans ces circonstances une attitude digne, commandée par le respect dû à notre étendard national, pourra être l'objet d'une mesure d'exclusion.

CHAPITRE X

Dons volontaires.

Art. 51. — Le Groupe Fraternel pourra recevoir des dons volontaires de ses membres honoraires ou participants ainsi que de personnes étrangères.

Art. 52. — Ces dons feront l'objet d'un rapport spécial qui sera présenté à l'assemblée générale.

CHAPITRE XI

Administration du Groupe Fraternel.

Art. 53. — L'administration du Groupe Fraternel est confiée à un Comité de direction de vingt membres, savoir :

1 Président,
1 Vice-Président.
1 Porte-Drapeau.
1 Trésorier,
1 Trésorier-adjoint,
1 Secrétaire,
1 Secrétaire-adjoint,
13 Membres du Comité.

Art. 54. — « *Les Membres de ce Comité sont nommés pour* **3** *ans et rééligibles par tiers chaque année, par voie de tirage au sort.* »

Art. 55. — « *La première série renouvelable est composée de* Six *membres et la seconde de* Sept. »

Art. 56. — « *Les membres du bureau font partie de la dernière série renouvelable; toutefois, dans le cas où l'un d'eux viendrait à cesser ses fonctions, il serait procédé à son remplacement dans la plus prochaine assemblée générale en vertu de l'art.* **63.** »

Art. 57. — « *Tous les membres sortants sont rééligibles.* »

Art. 58. — « *L'assemblée générale électorale sera précédée d'une réunion préparatoire spéciale,* organisée par les soins du Comité de Direction, *à l'effet de présenter et examiner les Candidatures.* »

Art. 59. — « *Tout membre organisant ou assistant à une réunion de Sociétaires, qui ne serait pas sanctionnée par le Comité, conformément aux articles* **70, 71, 72** *et* **73** *des Statuts, sera passible d'une mesure d'exclusion.* »

Art. 60. — « *Il en sera de même à l'égard de tout membre du Comité qui faciliterait ou provoquerait l'organisation de ces réunions.* »

Art. 61. — Un règlement administratif, élaboré par le Comité, définira les attributions de chacun de ses membres.

Art. 62. — Les membres du Comité de direction se réuniront mensuellement sur la convocation du président qui pourra, en cas d'urgence, les convoquer exceptionnellement.

Art. 63. — Dans le cas où, pour une cause quelconque, un des membres du Comité viendrait à cesser ses fonctions, ou s'abstiendrait d'assister aux réunions mensuelles pendant le cours d'un trimestre, sans s'être fait excuser, il sera procédé à son remplacement lors de la plus prochaine assemblée générale.

Art. 64. — Toutes les délibérations du Comité doivent être prises à la majorité absolue des membres composant ce Comité.

Art. 65. — En cas de partage, la voix du président ou de son suppléant est prépondérante.

Art. 66. — En l'absence du président, les réunions sont présidées par le vice-président, et à son défaut par le plus âgé des membres du Comité assistant à la séance.

Art. 67. — Le trésorier demeure personnellement responsable des fonds qui lui sont confiés.

Art. 68. — Une commission de contrôle, composée de trois membres nommés par le Comité de direction, procédera à la vérification mensuelle du livre de caisse ainsi que des pièces comptables à l'appui, et l'arrêté conforme sera ensuite soumis à l'approbation du président.

CHAPITRE XII

Assemblées générales.

Art. 69. — Les membres participants sont convoqués en assemblée générale dans la première quinzaine de chaque trimestre, pour recevoir communication de la situation du Groupe Fraternel et se prononcer sur les questions ou propositions qui leur seront soumises par le Comité de direction.

Art. 70. — Le président, après avis conforme du Comité, pourra en outre convoquer exceptionnellement en cas d'urgence ou sur une demande motivée formulée par un tiers au moins des membres participants.

Art. 71. — Dans ce dernier cas, les pétitionnaires devront faire connaître quinze jours à l'avance, dans un exposé adressé au président pour être soumis au Comité de direction, les points sur lesquels ils désirent appeler l'attention de l'assemblée générale.

Art. 72. — L'ordre du jour des assemblées générales est fixé par le Comité de direction et ne pourra comporter que les questions qui lui auront été soumises quinze jours au moins avant l'expiration du trimestre.

Art. 73. — La présidence et la police de ces réunions sont exercées par le président du Groupe Fraternel, assités des membres du Comité de direction.

Art. 74. — L'assemblée pourra, par un vote spécial, prononcer l'exclusion d'office de tout membre qui, par ses propos ou son attitude, serait une cause de trouble et de discorde, dans une réunion générale ou autre; après que deux rappels à l'ordre prononcés par le président, sur avis conforme du bureau, seront restés sans effet.

Art. 75. — Tout membre régulièrement convoqué qui s'abstiendra d'assister aux assemblées générales, sans s'être fait excuser, sera passible d'une amende de Un franc (Art. 21).

CHAPITRE XIII

Modification des Statuts.

Art. 76. — Il ne pourra être apporté de modification aux présents statuts qu'en vertu de décisions prises en assemblée générale.

Art. 77. — Ces modifications seront soumises à l'approbation de l'autorité compétente.

CHAPITRE XIV

Dissolution.

Art. 78. — La dissolution du Groupe Fraternel ne pourra être prononcée qu'en assemblée générale, à la majorité des quatre cinquièmes des membres participants, et la liquidation des fonds composant l'actif du Groupe Fraternel sera effectuée par les soins du Comité de direction, conformément au mode qui aura été déterminé par cette assemblée générale.

Angers, imp. Lachèse et Dolbeau, 4, Chaussée St-Pierr

www.ingramcontent.com/pod-product-compliance
Ingram Content Group UK Ltd.
Pitfield, Milton Keynes, MK11 3LW, UK
UKHW021039200726
13857UKWH00005B/1814